Johann Christoph Hampe   Also auch auf Erden

Johann Christoph Hampe

Also auch auf Erden

Meditationen zum Vaterunser

Kiefel Verlag Wuppertal

Vater unser im Himmel,
geheiligt werde dein Name,
dein Reich komme,
dein Wille geschehe wie im Himmel so auf Erden.

Unser tägliches Brot gib uns heute
und vergib uns unsere Schuld,
wie auch wir vergeben unsern Schuldigern
und führe uns nicht in Versuchung,
sondern erlöse uns von dem Bösen.

Denn dein ist das Reich und die Kraft
und die Herrlichkeit in Ewigkeit. Amen.

Vater unser im Himmel

Gott ist im Himmel.
Das heißt: Über allem, überall, in allem.
Der Mensch wohnt auf der Erde.
Das heißt: Hier in seinem Winkel.
Wie kommen die zwei zusammen?
Jesus sagt: Wenn ihr betet, wie ich
zu meinem Vater im Himmel bete,
wird er zu euch kommen mit seinem Glanz,
mit seiner Freude und seiner Hilfe.

Lehre uns beten —
Sag uns, wer Gott ist

Da war einmal in einem fernen Land eine Gruppe junger Männer. Sie
waren, jeder von anderswoher, einer nach dem anderen auf die gleiche
Weise zur Gruppe gestoßen. Sie hatten alle schon ausgelernt und übten
ihren Beruf aus. Aber auf einmal ließen sie alles stehen und liegen und
gingen davon. Denn sie waren, jeder für sich, einer nach dem anderen
auf einen Menschen gestoßen, der anders war als alle, die sie bisher
kannten.

Sie hatten schon Menschen erlebt, von denen ein beherrschender
Zwang ausging, den Vater, den ältesten Bruder, den Bürgermeister, den
Lehrer, den Lehrherrn. In diesem Menschen trat ihnen jedoch eine Kraft
entgegen, die beherrscht, aber nicht nötigt. Sein Blick ging nicht über
sie hin, sondern durch sie hindurch auf den Grund ihrer Seele. Er
sprach nicht herrisch, aber was er sagte, war zwingend, als würde
heute zum ersten Male ausgesagt, was richtig ist seit Anbeginn der Welt.
Sie mußten ihm folgen. Er versprach ihnen nichts, obwohl sie so arm
waren. Aber er sprach immer wieder von der Zukunft. Jetzt zum ersten
Mal hatten sie plötzlich selbst Zukunft. Für sie war es das neue Leben,
das ihnen dieser geheimnisvolle Mensch schenkte. Und damit machte
er sie zur Gruppe, ja, zur Gemeinschaft.

Du lebst, wenn du wach bist für das Wunder des Lebens, das Wunder
deiner Lebendigkeit und der Lebendigkeit der anderen Menschen und
der Gedanken, die die Tiere, die Bäume und die Blumen sind, und der
Gesetze, denen das Dasein der Dinge und Wesen folgt, kurz, wenn du
wach bist für den Geist, der die Welt durchwebt. War diese Wachheit
und Gegenwärtigkeit das Geheimnis des geheimnisvollen Menschen, mit
dem sie fortan durch das Land zogen? Wenn er einen Stein aufhob, ein
Stück Brot in die Hand nahm, einem Kind über das Haar strich, lasen
sie das alles an seinem Gesicht ab. Aber sie spürten, es war noch mehr.
Dieser Mann war mit der Welt und den Menschen vertraut, weil sein
Vertrauen aus einer Tiefe kam, die sie noch nicht ergründet hatten.

Viele Leute in jenem fernen Lande redeten viel von Gott, aber er war wie einer, der von Gott umgeben ist. Viele Gelehrte jenes Volkes lehrten tausend Dinge von dem Gott, der eine lange Geschichte hatte unter ihnen. Aber dieser Mann lebte Gott. Wenn er den jungen Männern, die mit ihm zogen, Geschichten von Menschen und Dingen erzählte, dann sprach er damit auf seine Weise schon von Gott. Und wenn er mit ihnen rastete, aß und trank, dann war Gott dabei. Sie spürten das: Wir sind nicht allein.

Zuweilen ging er in die Berge und blieb dort stundenlang, tagelang. Sie wußten nur, daß er dort betete. Wenn er zurückkam, sahen sie es ihm noch deutlicher an, daß er von einer Macht umgeben, von einer Macht getragen war und aus einer Macht lebte, die mehr ist als alle Menschenmacht. Sie dachten an einen Baum, der seine Wurzeln ganz tief in die Erde senkte, dorthin, wohin keiner von uns blicken oder greifen kann. Zwei Dinge hat ihnen dieser Herr gesagt. Einmal: Ich bin alle Tage bei euch. Seltsam. Damit meinte er wohl, er sei auch dann bei seinen Freunden, wenn er nicht unter ihnen anwesend ist. In der Tat erfuhren sie die Wirklichkeit dieser seiner eigentümlichen Gegenwart noch viel stärker, als er dann gestorben und von ihnen gegangen war. Das zweite, was er ihnen vermittelte, war eine nicht endende Ermunterung. Er rief sie zur Freude auf, und er war selbst Freude für sie, die Freude des Lebens. Einer, der nicht zu ihnen gehörte, sah sie lachen, singen und tanzen und meinte dann wohl, sie hätten einen Rausch. Aber sie hatten nur Jesus. Seine Gegenwart war ihre Freude. Und so hatte er zu ihnen von Gott gesprochen. Wenn er wiederkam aus der Stille des Berges, wo er Gott begegnet war, glänzte sein Gesicht. Wenn sie ihn dann fragten, wer Gott sei, sprach er so von ihm, als sollten sie ein Fest erleben. Zeig uns doch, wie wir mit diesem Gott in Verbindung treten können, sagten die jungen Männer zu Jesus: ,,Herr, lehre uns beten!''.

11

Einsam
gemeinsam

So kamen die Männer zu ihrem Herrn, der sie liebte und ihnen so vieles schon gegeben hatte. So viele Worte des Lebens hatte er ihnen auf ihren Wanderungen geschenkt, so oft hatte er ihnen gezeigt, daß er ganz anders war als andere Menschen, nicht nur machtvoller und liebevoller, sondern in seiner Macht und seiner Liebe dem Geheimnis nahe, das die Menschen seit alters Gott nennen.
Diesen Gott aber, so hatte Jesus gesagt, können wir mit unserer Kraft nicht erreichen. Die Gottsucher haben sich noch immer verstiegen. Es ist vielmehr Gott, der uns sucht. Wir können ihm Tempel, Kirchen und Burgen, Klöster und Einsiedeleien bauen. Ob er sich dort auch finden läßt, weiß er allein. Sicher ist nur, hat Jesus den Jüngern gesagt, daß Gott dort nicht ist, wo Menschen meinen, sie seien besser als andere, weil sie viel und lange beten.
Es ist der Ringwall der Wahrheit, der den Beter umgibt. Und die Wahrheit hat meist rauhe Züge. Vor Gott muß ich wahrhaftig werden, werden, wer ich bin. Die Schleier der Eitelkeit und des Stolzes müssen fallen, das Bild, das ich mir von mir selber machte, vergeht. Jesus suchte die Einsamkeit, um zu beten. Aber in seinen Gedanken nahm er seine Freunde, ja, alle Menschen, die ganze Welt mit. Er hat zum Gebet das stille Kämmerlein empfohlen, aber sein Gebet schloß immer die Armen, die Notleidenden, die Suchenden, ja, seine Feinde mit ein. So ist der Beter allein und doch nicht allein. Er betet immer auch für die anderen. In der Einsamkeit wird er nicht einsam, denn Gott besucht ihn im Gebet. ,,Bittet, so wird euch gegeben'', sagt Jesus. Das heißt, Gott wird euch besuchen, wenn ihr ernsthaft betet. Ihr werdet Antwort finden. Kein Gebet ist umsonst gesprochen. Gott ist kein Götze aus Stein und Staub, sondern Leben.

Die Güte,
die Burg und die Heimat

Wenn ihr bittet, sagte Jesus zu ihnen, so sprecht: Unser Vater im Himmel. So viele Väter der Erde herrschen in ihren Häusern wie Könige und Diktatoren. Ihre Frauen sind ihr Besitz, ihre Kinder ihre Untertanen. Unser Vater im Himmel aber ist wie Jesus auch, den die Jünger gesehen hatten, ein Herr, weil er gütig war, ein Vater, weil er sich voll Erbarmen zu den Kleinen, Armen und Entrechteten niederbeugte. Wenn dein Leben dunkel, karg und freudlos ist und dich ans Ende der Erde in hartes Land unter harte Menschen verschlagen hat, wenn dein Vater dich früh in die Fremde schickt und deine Brüder dir die Heimat streitig machen, so ist Gott doch dein Vater, sagt Jesus. Die Erde verschließt sich, aber der Himmel steht allezeit bereit. Himmel wartet immer auf dich. Himmel ist, was Jesus war: die Güte, an der die Bosheit der Menschen zerschellt, die Burg, in die du fliehen kannst vor deinen Feinden, die Heimat, in der du Frieden und Freude hast. Und wenn du die Hände nicht falten kannst, oder wenn dein leiblicher Vater schon lange tot ist, oder gar, wenn du nie einen Vater hattest, der gut zu dir war, so ist Gott doch dein Vater, sagt Jesus. Weil er nämlich sonst nicht Gott wäre. Es ist das keine Vertröstung derjenigen, die keinen Vater haben auf eine unbekannte Macht in einem unerreichbaren Jenseits. Denn dort den Himmel zu suchen, ist falsch. Der Himmel ist vielmehr nahe, er ist unter euch gegenwärtig, hat Jesus zu seinen Freunden gesagt. Im Umgang mit ihm lernten sie immer besser erkennen, daß alles Reden und Handeln ihres Meisters und seine ganze Lebensgeschichte, sein Handeln in Hoheit, Lieben und Leiden nichts anderes war als das Reden des Vaters zu den Menschen, zu dir und zu mir.

Geheiligt werde dein Name

Wie wir für immer unseren Namen tragen,
so heißt Gott in Ewigkeit: Unser Vater.
Wie er heißt, so ist er, heute und immer.
Diesen Namen Gottes rufen wir allen Menschen zu,
ohne Scheu reden wir ihn so an und doch in Ehrfurcht,
in Liebe wie ein Geliebter und ein Liebender,
im Vertrauen wie einer,
der in diesem Namen geborgen ist.

Gottes Namen heiligen heißt,
ihn unter den Menschen verkündigen

Du heißt Klaus oder Christine oder Jutta oder Beate. Und einen
Familiennamen trägst du auch noch dein ganzes Leben mit dir mit. Du
bist der oder die, keiner kann dich verwechseln. Weil du einen Namen
hast, auf den dein Paß lautet. Du bist erkannt in deinem Namen. So
kennen wir Gott in dem Namen „Vater unser".
Seinen Namen kennen, heißt aber auch, sich zu ihm bekennen. Du
mußt so sein, wie du heißt. Was du tust, geschieht unter deinem
Namen. Man soll das laut sagen können. Jesus hat es seinen Jüngern
nicht ins Ohr gesprochen, daß Gott Vater heißt und so angerufen
werden soll, sondern gesagt, sie möchten auf die Dächer gehen und es
den Leuten mitteilen, damit sie froh werden.
Es ist das eine neue Sache, heute wie damals. Noch immer hat es die
Menschheit nicht begriffen. Der Name muß ausgerufen, gesungen,
gefeiert, ausgelegt und gebetet werden: „Unser Vater im Himmel". Die
Formen und Weisen wechseln. Das eine und gleiche, die frohe
Botschaft, daß wir Menschen einen Vater haben, wenn uns auch alle
leiblichen Väter verlassen und vergessen, verraten und verkaufen,
dieses eine und gleiche kann immer neu durchdacht, begriffen und
gesagt werden, es ist nicht auszuschöpfen. Weiter als je ist die
Menschheit von diesem Wissen entfernt. Die es wissen, haben es
schlecht verbreitet. Sie müssen es besser verbreiten.
Als Jesus seine Jünger verlassen hatte und sie in tiefe Trauer gestürzt
wurden, fanden sie sich wieder zusammen, um seinen Auftrag zu
erfüllen: Den Namen Gottes unter den Menschen zu verkündigen. Das

ist der Inhalt von zweitausend Jahren Geschichte, die mit der Gruppe der Jünger Jesu begann. Haben sie und ihre Nachfahren im Glauben, der sich auf Christus beruft, geleistet, was er gefordert hat: Den Namen Gottes als den unseres Vaters zu verkündigen?

Habe ich einen Vater, so brauche ich keine Sorgen zu haben. Denn er sorgt für mich. Habe ich einen Vater, so weiß ich, wohin ich gehöre. In seine Arme. Habe ich einen Vater, so bin ich reich. Er hält für mich eine Erbschaft bereit. Ganz umsonst, ohne daß ich für sie etwas getan habe, ohne sie mir verdient zu haben, gehört die Erbschaft mir. Aber das Schönste an dieser Erbschaft ist, daß es bei ihr nicht nur um Hab und Gut, Leben und Gesundheit geht, die leibliche Väter vererben, sondern um den Vater selbst. Schon manch leiblicher Vater, der in Armut stirbt, hat nichts zu hinterlassen als sein Andenken. Und wenn es ein gutes Andenken ist, ist den Kindern damit viel gegeben. Ihr Leben lang werden sie sich daran erinnern: Ja, so war Vater, ich möchte werden wie er. Aber bei dem Vater, von dem wir hier sprechen, geht es um viel mehr. Kinder können nur erben — und sei es nicht mehr als ein Andenken — wenn der Vater gestorben ist. Dieser Vater vererbt und ist doch nicht verstorben, und Andenken heißt hier nicht nur Denken an ihn, sondern gewiß sein, daß er an uns denkt. Indem ich heute an ihn denke und „Vater" zu ihm sage, schenkt er sich mir heute mit dem Übermaß an Freude, die jenen Vater, von dem Jesus erzählt, erfüllte, als er seinen verdorbenen und verlorenen Sohn nach Hause kommen sah. So ist der Gott, von dem die Christen sprechen.

21

Der Fromme ehrt Gottes Namen

In jenem fernen Volk, aus dem Jesus stammt, war seit vielen
Jahrhunderten die Vorstellung verbreitet und verpflichtend für
jedermann, daß Gott fernab in einem Himmel thront, der dem
Menschen unzugänglich ist. Gott ist heilig und ewig geschieden von
uns, den unheiligen weltlichen Geschöpfen sagten sie, er wohnt in
einem Reich, zu dem kein Sterblicher Zutritt hat. Auch ein Abbild Gottes
ist nicht unter den Menschen, wie die Heiden meinen. Kein Tempelbild
kann ihn fassen, kein Gleichnis ihn aussprechen, niemand kann ihn
anschauen. Nur etwas ganz Unanschauliches, sein Name, kann seine
Stelle unter den Menschen einnehmen. Aber auch dieser Name besetzt
sozusagen eine leere Stelle. Jahwe — „Ich bin, der ich bin" —
heißt Gott im Judentum bis auf diesen Tag. Und nur mit der größten
Scheu darf ein Jude von diesem Namen sprechen, er muß ihn
umschreiben. Er darf ihn allenfalls in einer Kapsel geschrieben vor der
Stirn tragen an der Klagemauer zu Jerusalem, beileibe aber nicht
aussprechen.
Jesus gab seinem Volk recht. Er sagte, ja, es ist wahr, Gott ist erhaben,
groß und heilig, sein Name muß von den Menschen geachtet werden.
Gott wohnt aber nicht in einem jenseitigen Himmel, sondern mitten
unter euch, er ist groß und stark, aber zugleich nah, wie nur ein Vater
nah sein kann, dessen Bart das Kind auf der Backe spürt, wenn er es
küßt. Nicht weil sie Furcht vor ihm hätten, sondern weil sie ihn innig
lieben, werden die Kinder bei sich und anderen nicht durchgehen
lassen, daß der Vatername verachtet wird und von Gott albern,
spöttisch und lästerlich gesprochen werde. Sag nicht, „ach, du lieber
Gott", als könntest du über ihn verfügen.

Der Liebende liebt den Namen des Geliebten

Zu einem Vater gehört das Kind. Zu einem Liebenden die Geliebte.
Wenn diese zwei zusammenkommen, der Geliebte und der Liebende,
der Mann und die Frau, der Vater und der Sohn, dann ist Freude im
Haus. Wir sagen dann wohl: Die zwei sind im Himmel. In der Tat, das
ist der Himmel. Nichts anderes hat Jesus gemeint, als er wünschte, daß
wir beten: ,,Vater unser, der du bist im Himmel, dein Name werde
geheiligt.'' Es ist etwas Heiliges in der Liebe zwischen Menschen. Denn
Liebe geschieht, wenn sich Nahes und Fernes plötzlich vereinen. Du
hast das wohl schon gespürt. Wir treten zurück aus lauter Scheu vor
dem anderen, der seinen eigenen Namen hat, um dann um so
stürmischer auf ihn zuzugehen, weil wir meinen, wir könnten ihm nur
Gutes tun, wenn wir ihn besitzen.
Schon der Name des Geliebten bereitet unendliche Freude. Ohne Ende
kann ihn der Liebende wiederholen. Wir heiligen den Namen Gottes,
indem wir nicht ablassen, ihn mit unserem Herzen zu rufen: ,,Unser
Vater''. Das ist die frohe Botschaft, daß ich keinen Mangel leiden
werde, weil ich geliebt bin; daß ich nicht sterben werde, weil der Vater
mein Leben will; daß ich mit unendlichem Erbarmen wieder
aufgenommen werde, wenn ich mich in der Fremde verlaufen habe,
drogensüchtig war und gefaulenzt habe; daß ich eine Gruppe finden
werde, in der ich leben kann und Gemeinschaft habe. Denn niemand,
der Jesus kennt, wird sagen ,,Mein Vater''. Wir sagen ,,Unser Vater'',
denn er ist unser aller Vater. Sein Gebet verbindet mich nicht nur mit
allen, die ihn lieben, sondern auch mit denen, die ihn nicht lieben, die er
aber dennoch liebt. Das sind alle, die ein menschliches Antlitz haben,
auch alle, die aus unserer Gruppe ausgestoßen sind, auch alle
Verlassenen dieser Erde.

Das Kind kennt seines Vaters Namen

Jedes Kind hat ein Vaterhaus. Bis in deine letzte Lebensstunde wird dir das Haus, in dem du als Kind wohntest, vor Augen stehen. Es mag dieses Haus klein und armselig gewesen sein. Vielleicht war das Vaterhaus nur eine schmale Etage über dem Hinterhof. Aber wo immer das Kind, von Eltern und Geschwistern umhegt, laufen lernte und das erste Brot im Händchen hielt, wo es in die Welt hineinwuchs und zum ersten Mal Beistand und Vertrauen, Licht und Wärme, Güte und Hoffnung erlebte und darum auch Widerstand und Forderung, das Sagen und Versagen, die Nachtangst und die Einsamkeit durchstehen konnte, wenn die Eltern ausgegangen waren, dort bleibt es eingebettet sein Leben lang.

Für sein ganzes Leben bringt das Kind diese Erfahrung mit: Ich kann das Böse ertragen, weil es den Vater gibt. Ein Vater zerstört sein Werk nicht. Seine Liebe ist immerwährende Zuflucht, Freude und Freundlichkeit. Glauben heißt nur dieses eine: Auf Gottes Namen, den Namen Vater, schauen und die Ängste überwinden, mit denen wir Gott lästern. Martin Luther hat einmal gesagt: ,,Gott ist ein Backofen voll Liebe''. Der Backofen, das Zentrum des Hauses, ist ein guter Ort. Hier ist es warm, hier wirst du nicht verhungern. Der Backofen mag heute aus dem Versandhaus stammen und mit elektrischem Strom betrieben werden, ein wenig erinnert er noch an die Backöfen zu Luthers Zeiten, an den Backofen, um den sich die Familie in Rußland scharte, wenn in aller Kriegsbedrängnis nichts übrigblieb als das Haus und der Ofen in seiner Mitte, die Wärme und die Liebe von Mensch zu Mensch. Indem wir, wie Jesus es will, zu Gott Vater sagen, sagen wir Liebe. Und indem wir seinen Namen heiligen, das heißt, dieses Haus in unserem Herzen und diesen Ofen in der Mitte des Hauses nicht aufgeben, das heißt, diesen Namen anrufen, geben wir Gott die Ehre, die ihm gebührt.

Dein Reich komme

Wo Menschen herrschen wollen,
ist nicht das Reich Gottes.
Gottes Reich kommt zu uns auf die Erde,
indem wir ihn über uns herrschen lassen.
Wo Menschen herrschen, als wären sie Gott,
gibt es Terror und Tränen.
Wo Gott, unser Vater, unter den Menschen herrscht,
da dienen sie einander selbstlos.
Dieses Reich, das hier zaghaft beginnt,
wird wachsen und sich in Herrlichkeit vollenden.

Die Herrschaft Gottes unter den Menschen

Diese zweite ist die größte unter den sieben Bitten des Vaterunsers. Wenn du sie ohne Herzklopfen beten kannst, hast du noch nichts verstanden. Unter allen Worten, die Jesus ihnen sagte, konnten die Jünger dieses am wenigsten überhören. Dieses Wort war es gewesen, das sie fortgeholt hatte von ihrem Fischerboot, ihrer Hobelbank, ihrer Zollstation. Das Reich der Himmel, die Königsherrschaft Gottes auf Erden soll zu uns kommen. Es werde das bald geschehen, ja, es sei schon geschehen, hatte Jesus ausgerufen.

Wie ist das zu verstehen? Lange hatten die Jünger gemeint, Reich Gottes auf Erden, das bedeute, daß nun ihre Gruppe die Herrschaft über die Menschen antreten solle. Was die Weltherrscher nicht erreicht haben, sollte es nicht zu schaffen sein, wenn sie mit Jesus die Macht übernähmen? Aber dann lernten sie Jesus besser kennen, ihn, der den Machthabern der Erde seine Ohnmacht, Demut, Geduld und Liebe entgegensetzte, ihn, der stärker war als alle Herrscher der Erde, weil er ihnen sein Vertrauen auf Gott entgegensetzte.

Es geht also beim Himmelreich nicht um Vorrechte und Herrschaft, nicht um Glanz und Würde. Wir warten auf das Reich, in dem die Liebe, die Jesus uns zeigt, zu ihrem Ziel kommt. Durch Jesus selbst wird dieses Reich kommen. Nur im Umgang mit ihm werden darum unsere Erwartungen auf die rechte Spur gebracht. Welches ist die richtige Spur? Seit sich die Jünger Jesu zusammenschlossen, seit der Entstehung der Kirche, haben die Christenmenschen diese Spur gesucht. Auch sie haben Gottesreiche errichtet, wollen Reiche, in denen die Herrscher der Kirche den Menschen ebenso befehlen wie die Herrscher der Welt in ihren Reichen. Ja, schlimmer noch, sie wollten ihren Mitmenschen befehlen zu glauben, ihrem Glauben eine verbindliche Gestalt vorschreiben.

Aber Jesus wollte das nicht. Die Sehnsucht der herrschenden Machthaber und herrschbegierigen Frommen war ihm ebenso gut bekannt wie die Sehnsucht der kleinen und entrechteten Menschen, die ihr Leben lang das Land der Vollkommenheit suchen, in dem alle Wünsche befriedigt werden, in dem es keine Qualen und Tränen mehr gibt. Das wird euch alles zuteil werden, sagte er, aber die Spur, die ihr dahin gehen müßt, die Spur liegt vor euren Füßen. Schaut mich an!

Das Himmelreich ist nahe, sagte Jesus. Du kannst es greifen mit deinen Händen. Freilich, nicht immer, wenn deine Hände greifen, hast du es. Aber wenn sie nach dem Armen greifen, der in deiner Nähe leidet; wenn sie mit der zärtlichen Liebe einer Mutter den umfangen, der Mutterliebe braucht, dann bist du auf der Spur. Wie Jesus sich der Armen erbarmte, wie er für diese arme Welt gelitten hat, das ist Himmelreich.

Die Königsherrschaft Gottes bewährt sich darin, daß wir untereinander etwas von seinem Erbarmen, seiner Geduld, seiner Liebe und Zärtlichkeit weitergeben, damit in dem Dunkel unserer Welt die Herrlichkeit seines Reiches sichtbar wird.

So beginnt schon heute unter uns Gottes Reich, das uns dereinst in vollkommener Herrlichkeit zuteil werden wird.

Das Himmelreich wächst im Verborgenen

Die Reiche der Welt kommen und gehen. Sie lassen Spuren ihrer Türme
und Tempel, ihrer Gräber und Gruften zurück. Aber auch diese Spuren
aller Herrlichkeit vergehen, wie eifrig wir sie auch zu erhalten suchen.
Das Himmelreich, von dem Jesus spricht, ist nicht auf das Auffällige
aus. Seine Spur ist die Verborgenheit. Jesus hat merkwürdige
Vergleiche gewählt. Wie ein Senfkorn soll das Himmelreich sein, eine
Handvoll Sauerteig im Brotteig, ein Schatz, der im Acker vergraben
liegt, ein Netz, das einer ins offene Meer wirft, oder auch eine Perle in
diesem weiten Meer und der Groschen, den die Frau nicht findet unter
den Schränken. Und doch sollst du es finden. Vielleicht spricht dir der
Baum von ihm, die Welle im Morgenlicht oder ein Stein, den die
Jahrmillionen gebildet haben. Du sollst alles tun, um es zu erringen und
mußt es doch wachsen lassen mit den Ewigkeiten. Du kannst es spüren
in dem Lächeln, das dir ein Fremder zuwirft und in dem Bild, das die
fleißige Hand eines längst Verstorbenen schuf. Um es zu finden,
brauchst du beides, Geduld und Aufmerksamkeit. Um es zu spüren,
mußt du schon auf seiner Spur sein. Die sicherste Spur ist das Wort,
das Jesus sprach und die Tat, die er war. In seiner Nähe, dort im
kleinen Land Palästina, haben die Jünger das Himmelreich, die
Herrschaft Gottes unter den Menschen gespürt. Diese Spur ist bis auf
diesen Tag nicht vergangen.

Die Ewigkeit ist nahe

Und wie das Reich Gottes, das kommen soll und schon unter uns ist, keinen Raum auf der Erde einnimmt, so nimmt es auch keine Zeit ein. Und wie das Reich Gottes, wie Gott selbst, alle Räume umfaßt, so erfüllt es, wie Gott selbst, alle Zeiten. Manchmal meinst du, die Zeit stehe still. Wenn sie dir lang wird, scheint sie sich doch gar nicht zu bewegen. Wenn ihr euch gestritten habt, ist sie wie in ein Loch hineingefallen, als wäre Zeit nicht mehr da, weil euer Streit unwiderruflich geworden ist. Oft steht dir die Zeit still, wenn du angespannt auf etwas Wichtiges wartest. Und dann streckt sich die Zeit endlos hin, wenn du Schmerzen hast, den einen stechenden Schmerz auf den schmerzenden Punkt an deinem Körper oder den bohrenden Schmerz in deinem Herzen, wenn du verloren hast, was du so lieb hattest, daß du meinst, allein nicht weiterleben zu können. Immer wartest du in deinem Warten insgeheim auf Gott, und so unendlich lastend ist das Warten auf Gott angesichts der Leiden, die von Menschen gelitten werden. Aber so lang können unsere Schmerzen die Zeit nicht ausstrecken, und so weit und so lange kann der Mensch sich in seine Nichtigkeiten und sein albernes Zeittotschlagen gar nicht verlaufen, soviel Langeweile kann er gar nicht haben, daß er nicht gefaßt sein müßte, daß die Ewigkeit ihn doch plötzlich anrührt, diese längste Weile und dieses kürzeste Nu, durch das hindurch Gott zu dir spricht: Heute wird in deinem Herzen meine Herrschaft anbrechen. Und bis ans Ende der Erde magst du fliehen, so holt Gott dich doch ein, er, der für den, dessen Herz leer ist, nirgends zu sein scheint, und der doch überall ist und auf dich wartet, hier, wo du stehst.

Das Reich Gottes
ist die Freude des Wiedersehens

Alle Heimkehr auf Erden, alle Versöhnung weist auf die Vollendung hin, die nach dem Glauben der Jünger und Apostel das Ziel der Welt ist, das Reich Gottes, das da kommen wird. Es ist die Vollendung aller Wesen und Dinge im Einssein mit Gott. Hier sind wir getrennt. Die Söhne müssen hinaus und gehen oftmals draußen verloren, die Geschwister werden getrennt, die Liebenden durch den Tod geschieden. Aber wo immer einer wiederkehrt aus der Fremde und der Gefahr zurück in die Welt, die zu ihm gehört und zu der er gehört, erlebt er einen Vorgeschmack der Vollendung. In seiner schlichten, kühnen Sprache hat Martin Luther darum sagen können: ,,Das Reich Gottes ist die Freude des Wiedersehens.''

So lange waren wir getrennt: Dort war Gott, und hier war ich. Meine Stellung war falsch und unwahrhaftig. Denn wie könnte ich mein eigener Herr sein, da Gott mich doch geschaffen hat und Gott mich einschließen will in seine Vaterarme. Bin ich versöhnt mit ihm, so kann ich sagen, was wahr ist: Gott umschließt mich von allen Seiten, und zugleich ist er in mir, bin ich durch ihn der, der ich bin. Das ist Frieden: Von ihm umschlossen sein und ihn umschließen wie der Liebende den Geliebten, Mutter und Sohn, Vater und Kinder, Mann und Frau. Unsere Versöhnungen sind Zeichen des Reiches Gottes und Ausdruck seines Willens zugleich. So waren die Jünger mit ihrem Herrn vereint, und so erlebten es ihre Nachfahren im Glauben oft. Weil die Kirche der Ort der Versöhnung ist, darum kann sie auch das Zeichen des Reiches Gottes genannt werden. Darum beten wir zugleich für ihre Erneuerung, wenn wir sagen: ,,Dein Reich komme!''

Dein Wille geschehe
wie im Himmel so auf Erden

Der Wille des Vaters in meinem Leben
ist mir oft unverständlich.
Sein Wille steht oft meinem Willen entgegen.
Ich will mich selbst verwirklichen, indem ich mich
durchsetze gegenüber den Menschen.
Gott will, daß ich ihn verwirkliche,
indem ich die Menschen liebe.
So kommt Gottes allmächtiger Wille
an sein Ziel in der Welt.

Gottes Wille
und mein eigener Wille

Was der Wille Gottes sei, ist vielen Menschen ein Rätsel. Da sagt wohl einer: Mein Leben lang habe ich geforscht und gegrübelt, ohne es herauszufinden. Ich habe die Länder bereist und das Leben gesehen. Kann das alles der Wille Gottes sein, was ich da gesehen habe? Solchen Menschen sagt Luther: Es ist wohl gut, daß ihr forscht. Aber forscht nach Gott dort, wo er sich finden lassen will: in seinem Wort. Dieses Wort heißt Jesus. In Jesus haben die Jünger Gottes Willen erfahren.

Aber Jesus mußte ihn selbst erst erfahren. Diese dritte Vaterunser-Bitte hat Jesus zweimal gesprochen. Einmal, als die Jünger ihn umgaben auf dem Berge und er sie lehrte, wie sie beten sollen. Das andere Mal in der Nacht vor seinem Tode, als sie unter den Ölbäumen im Garten schliefen und er allein war mit Gott. Hier zeigt uns der Herr, daß Beten ein Kampf sein kann. Soll es Gottes Wille sein, daß er, der liebende Vater, seinen Sohn in die Nacht hinausstößt, seinen Feinden ausliefert und am Kreuz sterben läßt? Ginge es um einen bösen Sohn, der den Vater verraten hat und davonlief zu den Feinden, so möchten wir es wohl verstehen. Aber dieser Sohn hatte in seinem Leben nichts getan, als seinem Vater die Ehre zu geben, als die Menschen mit der Liebe zu beglücken, die Gott schenkt, und die Freude darüber auszubreiten, daß Gott ihr Vater ist.

Der Wille Gottes steht unserem Eigenwillen entgegen. Auch diese Bitte kommt uns darum immer zu glatt über die Lippen. Das Herz müßte dir schneller schlagen, wenn du es aussprichst: ,,Dein Wille geschehe''. In den Kopf geht es leicht hinein, und wir können gelehrt darüber diskutieren, was wohl der Wille Gottes für die einzelnen, für die Völker, für die Menschheit sei. Die alten Juden haben den Willen Gottes in 613 Geboten festgelegt und gesagt, daß auch das kleinste nicht gering geachtet werden dürfe. Aber Jesus kam und faßte wie Israels große Propheten, die vor ihm lehrten, den Willen Gottes in einem einzigen Gebot zusammen. Wie Gottes Wesen Liebe ist, so will sein Wille von uns Liebe, die Liebe zu Gott und die Liebe zu dem Mitmenschen, die Liebe Gottes im Mitmenschen.

Aber fangen die Fragen nicht hier erst an? Kann es jemals ausdiskutiert werden, wie sich denn eigentlich Liebe unter den Menschen verwirklichen soll? In der Tat, dies kann niemals zu Ende geführt werden. Aber manche finden aus der Diskussion nicht heraus. Du mußt den Schritt von den Gedanken ins Leben hinein tun. Das ist dir auferlegt, wie gelehrt du auch seist. Du mußt einmal zu dir nein sagen und sprechen: Nicht mein, sondern dein Wille geschehe.

Für viele ist Gottes Wille ganz deutlich. Und sie folgen ihm unbeirrbar. Wir wissen, daß die gute Behandlung alter, hilfloser Menschen im Altertum keineswegs selbstverständlich war. Auch manche Völker unserer Zeit meinen nicht, daß die schwachen Glieder der Gesellschaft, die anderen wenig oder nichts zu geben haben, unsere Aufmerksamkeit verdienen. Jesus hat seinen Jüngern jedoch ausdrücklich die helfende Liebe für die, die wehrlos, gestürzt und zerbrochen sind, als den Willen Gottes erklärt. Seither hat die Christenheit ihre wichtigste Aufgabe in der Pflege der Hilfsbedürftigen erkannt. Die weltliche Gesellschaft hat das von ihr gelernt.

Viele folgen diesem Willen unbeirrbar. Aber was tun die anderen? Wenn du selbst einmal alt wirst und dich führen lassen mußt, hast du dann dem Pfleger gar nichts zurückzugeben, was dem Willen Gottes entspräche? Ich denke doch. Gib ihm dein Herz, sei ein herzlicher Mensch, wie unsere Sprache so treffend sagt. Verbreite, auch wenn du leidest, dennoch ein wenig mehr Freude in die Welt hinein. Das heißt an deiner Stelle, nein sagen zu dir und deinem Willen, dich nicht gehen zu lassen und nicht nur zu klagen. Das heißt, den Willen Gottes tun unter den Menschen. Es gibt keinen Beruf, in welchem du nicht herausfinden könntest, welches für deine Lage der Wille Gottes ist, um den du bitten kannst. Niemand lebt allein für sich, auch wenn er allein lebte. Und wo Menschen sind, kann Gottes Wille an ihnen Wirklichkeit werden durch unseren Willen, durch unsere Gedanken, Worte und Werke des Tages.

In der Gruppe verliert man sich so schnell. Warum sind wir eigentlich zusammen? Was ist unser Ziel? Geht es um nichts anderes als unser Zusammensein? Das ist noch kein Ziel. Gott hat mir ein Ziel gegeben für mein Leben. Er will, daß durch mich sein Wille, ein Stückchen seines Willens immerhin, zur Geltung komme unter den Menschen. Er hat mich wunderbar auserwählt, herauszufinden, wo mein Platz ist, an dem das geschehen kann, welches mein Handwerkzeug ist, mit dem ich es tue, zu erfahren, wie glücklich es macht, wenn ich nicht sein muß, wie sie alle sind, obwohl die Leute gerade das doch für das Wichtigste halten, daß ich bin wie sie alle sind, daß ich angepaßt bin.

Sieh auf Jesus, der diese Bitte gebetet hat: Er war ganz draußen, man hat ihn verachtet, geschlagen und an den Galgen geschleppt. Nur das eine wollte er: Gottes Willen unter den Menschen geschehen lassen, seinen Namen heiligen, sein Reich, seine Herrschaft verkündigen. Gottes Willen geschehen lassen, heißt immer auch, dem Willen anderer Menschen widerstehen, sich nicht anpassen. Gewiß, dir wird gesagt, höchstes Lebensziel sei deine Selbstverwirklichung. Jesus aber sagt: Dein Lebensziel ist die Gottverwirklichung. Er sagt damit nicht, daß du dich nicht selbst verwirklichen sollst. Aber er sagt: Nur, indem du Gottes Willen zu einer Wirklichkeit unter den Menschen machst, verwirklichst du dich auch selbst. Denn „wer sein Leben sucht, der wird es verlieren", fuhr er fort, „aber wer es verliert um meinetwillen, der wird es finden."

Es gibt Menschen, die nicht verstehen, warum wir bitten sollen, daß Gottes Wille geschieht. Ist Gott nicht allmächtig? Dann muß sein Wille doch ohnehin geschehen. Nun, Jesus sagt das auch. Im Himmel geschieht Gottes Wille. Freilich ist der Himmel, das Gottesreich, nicht in einem Jenseits zu suchen, das hörten wir schon, sondern eher in einer uns noch nicht zugänglichen Zukunft. Gott kann nicht auf einen Ort beschränkt werden. Insofern geschieht Gottes Wille überall.

Aber wie es bei Gottes Namen darauf ankommt, daß er bei uns geheiligt werde, wie es bei der Königsherrschaft, dem Reich Gottes, darauf ankommt, daß es zu uns komme, so will es der Wille Gottes, daß er auf der Erde geschehe. Die Erde ist der Ort unseres Lebens, für das uns Gott freigesetzt hat, über unser ewiges Leben zu entscheiden durch unseren Glauben, unsere Liebe, unsere Tätigkeit für den Mitmenschen. Und es ist die Erde, diese reiche und diese dürre, diese wunderbare und traurige, diese schrecklich verschlingende, immer ärmer werdende Erde, die sich mit uns danach sehnt, die Gestalt der Vollendung anzunehmen, zu der sie berufen ist: die Gestalt einer Welt, in der Gottes Wille ohne Abstriche geschieht, hier wie im Himmel, der Nähe Gottes, der Vollkommenheit, die in Gott ewige Wirklichkeit ist.

Unser tägliches Brot
gib uns heute

Dein Name, dein Reich, dein Wille:
Wir haben uns Gott zugewandt.
Jetzt wendet sich Gott uns zu:
Er kümmert sich um das Alltäglichste,
daß wir zu essen, uns zu kleiden, uns zu freuen haben.
Wir haben nichts, was er uns nicht gegeben hätte.
Im Brot und im Wein, Zeichen aller Gaben, teilt er sich
selber mit.
Wir danken ihm, indem wir bitten.

Gott ist kein Sonntagsgott

Hier sind wir in der Mitte des Gebetes, das uns Jesus aufgetragen hat. Und gerade hier in der Mitte, am wichtigsten Ort, geht es um etwas ganz Einfaches, ganz Materielles. Gott nimmt das Alltägliche unseres Daseins ernst. Er ist kein Sonntagsgott. Die Jünger und die Leute der ersten Christengemeinde waren bitterarme Menschen. Und oft mußten sie zu Jesus kommen und sagen: Herr, die vielen, die uns nachfolgen, um dich zu hören und zu sehen, haben nichts mehr zu essen, was sollen wir tun? Und Jesus hat sie nicht auf den Himmel verwiesen, sondern Brot herbeigeschafft.

Gott nimmt sich unserer Wirklichkeit an, die eine Not ist. Junge Menschen unserer Zeit in unserem Lande kennen den Hunger nicht. Aber sie lesen vom Hunger in anderen Ländern und engagieren sich in der Hilfe für die Völker, die wir unterentwickelt nennen. Alte Menschen in unserer Mitte haben erfahren, was es heißt, das tägliche Brot zu entbehren. Ihnen graut davor, daß solche Zeiten wiederkommen könnten. Andere wissen wieder, wie gut es ist, freiwillig viele Tage zu fasten. Aber Hunger ist ein Zwang. Er läßt nicht nur den Leib absterben, er tötet auch die Seele.

Denn der Mensch ist so geartet, daß er das Brot braucht, um zu bleiben, was er ist. Hungern verändert seinen Charakter. Der Mensch ist das Wesen der Mitte. Mit dem Geist erklimmt er allerhöchste Höhen. Kein Himmel ist ihm zu fern. Aber mit dem Leibe ist er ärgerlichen Zwängen ausgeliefert. Er braucht täglich all die hundert Dinge, die Jesus in dem Wort „Brot" zusammenfaßt. Er muß erwerben und ernten, erfinden und erarbeiten. Und sein Leib und seine Seele sind nicht als zweierlei in ihm vereint, sondern ineinander wunderbar verschlungen und auseinander lebend.

Auch dein Herz braucht sein tägliches Brot, auch dein Leib braucht seine tägliche Herzlichkeit. Wir fristen unser Dasein durch die Aufnahme von Stoffen wie jedes Lebewesen. Unsere Frist wird eines Tages, den Gott weiß, abgelaufen sein, dann, wenn wir Stoffe nicht mehr aufnehmen und uns aus ihnen aufbauen können. Darum konnte der Teufel, von dem das Evangelium spricht, Jesus mit dem Angebot ewigen Reichtums in Versuchung führen wie so manchen von uns gestern und heute. Aber Jesus schlägt diesen Versuch ab. Er hält der halben Wahrheit vom Menschen die ganze entgegen und antwortet dem Versucher mit den alten Worten seines Volkes: „Der Mensch lebt nicht vom Brot allein, sondern von jedem Wort, das aus dem Munde Gottes kommt.''

Wir leben nicht vom Brot allein, aber wir leben vom Brot. Gott nimmt dieses unser Wesen ganz ernst. Er sorgt sich darum, wie es dir ergehen wird. Er will nicht, daß gehungert werde auf dieser Erde. Und er erlaubt uns, daß wir jeden Tag mit unserer Bitte um das tägliche Brot die schreckliche Frage nach dem Geheimnis, den Zwängen und der Schuld laut werden lassen, die es ermöglicht, daß auf Gottes Erde nicht alle Geschöpfe Gottes genug zu essen haben, ja, zur Zeit jeden Tag weniger.

Es ist gut, daß die jungen Menschen in unserem Lande und in anderen reichen Ländern heute leidenschaftlich fordern, daß die Armen der Erde satt werden. Wir könnten viel mehr Hilfe leisten, in einer tätigen Bewährung dieser Vaterunser-Bitte, indem wir ihnen von unserem Reichtum abgeben und ihnen unser Wissen und unsere Erfahrungen vermitteln, damit sie haben wie wir. Haben aber bedeutet im Evangelium: Wissen, daß ich beschenkt bin. Und wer das weiß, kann nicht anders: Er muß danken.

Was wir haben, ist uns geschenkt

Ich danke in dieser Bitte auch für den Fleiß, der mir geschenkt ist, um mein Brot zu erwerben. Geduldig umwerben Menschen ihr karges Stück Erde, den Fels und die Wüste. Mit unendlicher Geduld führen sie Wasser herbei, erfinderisch umschirmen sie das kleinste Pflänzchen, wenn es sich zeigt, gegen Sturm, Sand und Sonne. Kein Ende kennt ihre Freude, wenn die erste Ernte gelingt. So vieles mußte dafür zusammenkommen. Gott gibt Brot auf wunderliche Weise.
Aber der Fleiß des Menschen vermag nicht alles. Das weißt du auch, obwohl du in einer Zeit großgeworden bist, die da lehrt, der Mensch könne alles machen, was er machen wolle. Es bleibt ein Rest, der aller Machbarkeit entzogen ist. Man kann sogar sagen, wir Menschen können fast nichts machen, es ist vielmehr alles gegeben. Auch der Kopf, mit dem wir Erfindungen machen, ist uns gegeben, auch die Hände und Maschinen, mit denen wir säen und ernten. Darum beten Christen vor der Mahlzeit, daß allen Menschen das tägliche Brot zugeteilt werde. Darum danken sie für die Mahlzeit, weil es nicht selbstverständlich ist, daß sie sie hatten. Darum danken wir, wenn die Ernte eingefahren ist, und tanzen den Erntetanz.
Was wir haben, hätten wir nicht, es wäre uns denn gegeben. Der Jünger dieses Meisters kennt daher auch keinen Neid. Ich Armer habe mehr, als alle Reichen haben können, wenn ich weiß, daß ich das Kind meines Vaters bin, der Herr über alle Reichtümer der Erde ist. Jesus ging bettelarm umher, aber er war ein Herr. Die Jünger teilten, was sie hatten. Darum waren sie Könige.

Die tägliche Freude

Das Wort Brot steht für vieles an dieser Stelle. Alles, was du brauchst, ist unter Brot verstanden. Aber was brauchst du denn? Der eine braucht zehn Stunden Schlaf, der andere sechs. Der eine sagt, er brauche jeden Tag seinen Schluck Alkohol und seine Schachtel Zigaretten, der andere hält das für lächerlich. Wir müssen da unser Gewissen fragen. Auf zwei Maßstäbe, die hier gegeben sind, können wir uns aber einigen. Negativ wäre zu sagen, wir brauchen sicher nichts, was uns schadet oder gar schädigt. Positiv gilt, daß der Mensch mit dem Notwendigsten allein nicht leben kann. Oder umgekehrt: Es ist für ihn mehr notwendig als nur das Brot allein.

Luther hat das für seine Zeit aufgezählt. Wir hätten heute eine etwas andere Liste aufzustellen. Eins müßte in dieser Liste jedenfalls vorkommen, diese Erfahrung ist tausendfach belegt: Jeder Mensch braucht zum Leben eine tägliche Freude. Auch wenn er sich nur an etwas ganz Kleinem zu freuen hat, er braucht es. Sonst stirbt er wie ein Mensch ohne Sprache und Ohr. In der Freude sagen wir uns, daß es Gutes gibt, vielleicht sogar Güte. Und manchmal sagt uns die Freude, daß uns etwas gelungen ist. Vielleicht ist uns, die wir schlecht werfen können, ein Ballwurf gelungen, nicht mehr. Das genügt, um uns am Leben zu erhalten. Wenig Erde braucht der Mensch zum Sterben, ein wenig Freude reicht schon hin zum Leben. Aber dieses wenige muß er wenigstens haben. Darum dürfen wir für uns und andere um Freude bitten in dieser vierten Vaterunser-Bitte. Und wir danken dafür mit diesem Gebet, daß uns die gute Freude, die Freude an soviel Gutem geschenkt wurde.

Mehr als Brot und Wein

Jesus hat das Brot zum Zeichen seiner Gegenwart unter seinen
Freunden erwählt, das Brot der Armen als das Brot der Freude. Daran
erkannten sie ihn auch nach seinem Tode wieder: er teilte das eine
Brot, das sie hatten und gab es den Freunden. Er teilte sich selbst mit
in dieser Teilung des Brotes. Er schenkte den Wein aus und sagte
ihnen, so werde für sie sein Blut vergossen. Brot und Wein haben
darum für die Christen einen besonderen Charakter. Das, was der
Mensch für sein leibliches Leben am nötigsten braucht, wird zum
Zeichen dafür, daß er ein ewiges Leben hat.
Wo immer seither Menschen zusammen am Tisch sitzen in
Freundschaft und Freude, und ihr Mahl feiern, das heißt, voll
Dankbarkeit wissen, was sie haben und was sie tun, sieht sich der
Christ an die Tafel erinnert, die Jesus mit seinen Jüngern im
Obergemach zu Jerusalem hielt, eine Nacht vor seinem Tode, am
Vorabend des Osterfestes der Juden. Zum Gedenken an ihre
wunderbare Errettung aus der Sklaverei des ägyptischen Pharaos
hielten die Juden schon immer an diesem Vorabend ihr Gedächtnismahl
und aßen wie damals das Passahlamm. Nun wird es Jesus sein, der
geschlachtet wird für das Volk seiner Freunde, Jesus selbst ist das
Osterlamm; er selbst ist Wein und Brot, das für die Wanderung stärkt,
die wir vor uns haben im Leben. Unser tägliches Brot gib uns heute, gib
uns, lieber Gott, diesen Jesus, unseren Retter!

Und vergib uns unsere Schuld,
wie auch wir
vergeben unsern Schuldigern

Du erkennst dich erst, seit du es mit Jesus zu tun hast.
Die neue Welt ist angebrochen, die alte lastet noch immer
auf uns.
Vergebung ist Anfang des Reiches Gottes
unter den Menschen.
Denn Vergebung macht frei.
Leben mit Jesus ist Leben aus der Vergebung.
Wir sollen von Herzen vergeben lernen,
wie Gott, unser Vater,
uns durch Jesus für immer vergeben hat.

Vergessen und Vergeben

Jeder Beter des Vaterunsers spürt diesen Zusammenhang. Unvermittelt, wie aus Stein gemeißelt, standen die ersten drei Bitten nebeneinander: „Geheiligt werde dein Name" — „Dein Wille geschehe" — „Dein Reich komme". Aber die vierte und die fünfte Bitte hat Jesus miteinander verbunden: „Unser tägliches Brot gib uns heute und vergib uns unsere Schuld". In Jesus selbst sind diese beiden Bitten miteinander verbunden: Er teilt das Brot des Lebens aus, er teilt sich selbst damit aus in seinem Tode, indem er die ungeheuerliche Schuldenlast der Menschheit auf sich nimmt.

Die Schuld ist seinen Jüngern vergeben. Dennoch bitten sie darum, es möge so sein. Es ist der gleiche Widerspruch: Das Reich Gottes ist angebrochen, dennoch sollen wir bitten, daß es kommen möge; Gottes allmächtiger Wille geschieht, dennoch bitten wir darum, daß er geschehen möge allüberall. So bitten wir darum. Aber von Gott her ist, sofern wir bitten und von Herzen bereuen, Vergebung schon ein für allemal geschehen. Daß die Vergangenheit hinter dem Menschen liegt, der von Jesus gerufen ist, hat er unablässig und fast zornig zu seinen Jüngern gesagt, zornig, weil wir Menschen so beharrlich am Gestern kleben.

Vergeben kann ich wohl, aber nicht vergessen, pflegen vergrämte Leute zu sagen, denen Mitmenschen übel mitspielten. Aber damit zeigen sie nur, daß sie eben nicht vergeben haben, ja, daß sie von Vergebung gar nichts verstehen. Für Jesus war sie das Größte, Schönste, wenn auch Schwerste, was Menschen sich schenken können, ja, eine Tat Gottes durch den Mund und das Herz des Menschen. Aber jener Mensch, sagte Jesus, findet bei Gott keine Gnade, der anderen nicht vergeben kann, obwohl ihm selbst vergeben wurde.

Für die Leiden, die in deutschen Konzentrationslagern gelitten wurden, gibt es keine Genugtuung. Der Mörder kann sein Opfer nicht mehr erreichen. Er kann sich selbst nicht vergeben, er kann Gott nur bitten, vergib du! Das heißt, laß mich trotz allem, was nicht vergessen werden kann und unsühnbar bleibt, wieder leben, wie Kain wieder leben durfte unter der Vergebung Gottes, obwohl er seinen Bruder erschlagen hatte.

Es ist nicht so, daß das nur für Mörder gilt. Je feiner dein Gewissen wird, um so größer erscheint dir auch die allerkleinste Schuld gegenüber deinem Mitmenschen. Ein böses Wort gegen ihn, ist dir dann so ernst wie ein Mord. So jedenfalls hat es Jesus gesehen.
Vergebe ich meinem Feinde, was er mir tat, so betreten wir beide, der Schuldner und der Gläubiger, im Glauben einen neuen Raum. Wird mir eine Schuld vergeben, so ist das ein Werk Gottes an mir durch meinen Mitmenschen. Vergebung ist der Anfang des Reiches Gottes auf Erden. Denn der, dem vergeben wurde, ist wahrhaft und auf immer für Gott frei. Die jungen Männer, die Jesus damals zu sich rief, ließen ihre Vergangenheit ein für allemal hinter sich zurück. Nicht, daß sie sie vergessen oder verraten hätten. Sie blieben, was sie waren, Handwerker, Fischer, Steuereinnehmer, Teppichknüpfer. Und sie nahmen ihr Handwerk später, als Jesus nicht mehr bei ihnen war, unverdrossen wieder auf. Aber was dunkel war in ihrer Vergangenheit, hatten sie Jesus anvertraut.
Nicht anders ergeht es dir, wenn du zu Jesus kommst. Die Vergangenheit ist unvergessen, aber sie gehört dir nicht mehr. Die Freunde Jesu nehmen nicht mehr teil an jener lächerlichen Schauspielerei, mit der die Menschen nicht anders als die Kinder diesen Ball, diesen häßlichen Klumpen der Schuld, hin und her und einander zuschieben. Wir beteiligen uns nicht mehr daran, Schuld gegen andere Schuld aufzurechnen. Denn wir erkennen immer besser, wie nötig wir selbst Vergebung haben. Wir nahmen sie bisher nicht ernst. Wir nahmen die herrliche Freiheit nicht wahr, die Gott uns mit seiner Vergebung schenkt. Die neue Welt ist angebrochen, aber die alte lastet noch immer schwer auf uns, als könnten wir nicht vom Schlaf aufstehen. Die Schuld ist durch Christus ein für allemal getilgt. Wir könnten der Last dessen, was gewesen ist, entrinnen, die Gefängnistür steht offen. Aber wir bleiben in unserem Käfig, mißtrauisch gegen das Licht. Wie glücklich müßten wir sein, da Jesus uns glücklich machte. Dafür, daß wir nicht aus der Vergebung leben, brauchen wir neue Vergebung, Tag um Tag.

Die Last auf unserem Gewissen

Und während die Menschen noch darüber reden, wie sie ihre
Vergangenheit hinter sich schieben können, häufen sie neue Lasten auf
ihr Gewissen. Als hätten sie gar nichts gelernt, suchen sie ihre
Sicherheit in Kanonen und ihr Leben im Diebstahl an anderem Leben.
Je älter du wirst, um so mehr wirst du lernen müssen, mit Schuld
umzugehen. Die Schuld des Kindes ist klein, erscheint ihm aber
riesengroß. So zart ist sein Herz. Die Schuld der Erwachsenen ist groß
und wird größer und größer. Sie behaupten aber immer lautstärker, sie
sei klein, ja, eigentlich gar nicht gegeben. Es sind alles nur Zwänge, aus
denen wir handeln, heißt es heute. Der Arme muß schuldig werden,
sagt der Dichter. Schuld wird zu einem Schicksal, der Mensch ist ein
Geschobener.
Sind die Großen so böse, daß sie Kriege anzetteln müssen? Oder sind
wir alle so kriegerisch, daß sich Kriege ergeben müssen? Die Jünger
haben ihren Herrn mit dem Wort der heiligen Schrift ihres Volkes den
,,Friedensfürsten'' genannt. Er hat sich geweigert, die Hand zu erheben.
Darum wurde er von den Menschen, die das nicht verstehen, ans Kreuz
geschlagen. Er ist anders als wir, das sahen sie. Und weil er nicht die
Hand erhebt und zurückschlägt, werden wir von ihm überführt als die
Bösen. Ist er anders als wir? Er hat gesagt, wir sollen sein wie er, sollen
handeln wie er.

71

Schuld ist keine Krankheit

Heute halten viele Schuld für eine Krankheit. Der Seelenarzt redet uns Schuldgefühle aus. Schuldangst sei ein störendes Überbleibsel aus unserer Vorzeit, sagen die herrschenden Materialisten. Der Mann auf der Straße, der Erfolgreiche im Geschäftsleben spricht: Ich kann mich bei so etwas nicht aufhalten, das Leben ist hart, die Konkurrenz übermächtig, ich muß nach vorn blicken.

Aber plötzlich wird der erfolgreiche Mann krank. Man kann in seinem Körper nichts Krankes finden, was die Krankheit verursacht. Es ist seine Seele, die nicht mehr mitmacht. Daß er seine zurückliegende Lebensgeschichte verdrängte, hat ihn krank gemacht. Der Seelenarzt sagt ihm, wenn er gesund werden wolle, müsse er sie annehmen.

Aber als was annehmen? Wie kann er annehmen, was nicht zu reparieren ist? Sie war falsch und bleibt falsch. Jesus sagt, wir müssen unsere Geschichte als Schuld annehmen. Nur angenommene Schuld kann von Gott vergeben werden. Zur Annahme gehören Eingeständnis, Einsicht, Reue, Wiedergutmachung durch tätige Erneuerung. Das alles setzt Jesus voraus. Das alles wird uns geschenkt, wenn wir in seinem Namen gläubig bitten: ,,Vergib uns unsere Schuld!''

Dennoch ist Vergebung nicht unsere Leistung, sondern freies Geschenk Gottes an uns. Sie ist das Wunder dieser Welt schlechthin. Denn daß Geschehenes nicht mehr wirksam sein soll, widerspricht dem Lauf der Dinge, die nach ihrem Gesetz ohne Ende aufeinander einwirken müssen. Durch nichts ist darum Vergebung zu erwirken außer durch Gott selbst, den Herrn der Zeit und Gesetze der Welt. Durch keine Leistung ist Vergebung zu erzielen. Sie ist Gottes freies Geschenk an mich.

Leben aus der Vergebung

Einmal brachten sie einen gelähmten Menschen auf der Bahre zu ihm. Sie deckten einfach das Dach der Hütte ab, in der Jesus saß, weil sie durch die vielen Menschen nicht hindurch gelangen konnten. Von oben ließen sie die Bahre herab. Jesus freute sich, daß sie so fest auf seine Hilfe für den kranken Mann vertrauten. Gesund sollte er werden, wie so viele schon gesund geworden waren durch Jesus. Was aber heißt denn gesund? Gesund bist du, wenn du an der Seele heil bist, wenn dich deine Vergangenheit nicht mehr bedrücken muß, wenn dir Krankem deine Schuld vergeben ist. Darum tat Jesus an diesem Menschen, was nur Gott tun kann. Er sagte zu ihm: ,,Mein Sohn, deine Sünden sind dir vergeben.''
Wir glauben es bis heute nicht, daß dies das Größte ist, was uns widerfahren kann. Die jüdischen Theologen haben es damals auch nicht geglaubt. Sie meinten, es sei ein überhebliches Wort und darum eine Gotteslästerung im Munde dieses Jesus. Darum mußte er ihnen zeigen, daß er die Vollmacht dazu besaß, und daß das andere demgegenüber das viel Geringere ist, daß nämlich auch der Körper heil werden kann wie die Seele. Er befahl dem Gelähmten aufzustehen. Und da stand er auf.
Was Jesus vor den Augen seiner Jünger ist, hat er durch seinen Tod besiegelt. Es war der Tod des Lammes, das geopfert wird, damit es die Sünde der Welt trägt. Ich sterbe, spricht Jesus vom Kreuz herab, damit du leben kannst. Ich hänge am Galgen auf Golgatha, damit deine Bitte erfüllt werde: Vergib uns unsere Schuld. Mein Bild ist dir vor Augen gestellt dein Leben lang, damit du wahrmachst, was wahr ist, damit du wirklich machst, was an dir geschehen ist. Wie deine Schuld vergeben ist, so mußt du die Schuld vergeben, die andere an dir begangen haben. Wie es keine Schuld gibt, die dir nicht vergeben werden könnte, so kann auch keine Schuld anderer Menschen dir gegenüber so groß sein, daß du sie nicht vergeben müßtest. Denn du bist krank, du bist tot, wenn du nicht lebst von der Vergebung, die Gott dir schenkt. Das ist die Summe des Evangeliums, das Jesus den Menschen brachte und war.

Und führe uns nicht in Versuchung

Wir können sie meiden, aber ihr nicht entfliehen,
die Versuchung bleibt allgegenwärtig,
in der Wüste wie in der Stadt,
in der Stille wie auf der Gasse.
Du sollst mit der Versuchung nicht spielen.
Der Versucher ist stark. Du mußt nicht tun, was alle tun.
Du bist du. Gott erprobt dich,
aber er läßt dich nicht fallen.
Handle nie gegen dein Gewissen,
das Gott um Beistand bittet.

BRAVO

Otto-Wahl!
Zum letzten Mal liegen
Stimmkarten bei

Star des Monats:
Miguel
Rios

BUNT
ILLUSTRIERTE

Aktionär
Das Journal für Geld und Börse

C 3861 CX

4. Jahrgang
Freitag 29. 1. 73   **6**   DM 2.-

Chance für Spekulanten:

Öl-
Krise
bringt
Profit

Aktie der Woche:
De Beers
steigt sicher

Konjunktur:
Die
Internationale
der Schwachen

NRZ führend
im Sport

udo,
heintje
und
Karel Gott
erobern
die Welt

Ein
Millionär
fliegt
zum Mond

Uschi Glas
verteilt
5 goldene

Capital
Das deutsche Wirtschaftsmagazin

Die Regierung versagt
Ab in die Krise

Vermögensberatung
An der Inflation
verdienen

Kölner Stadt-Anzeiger
KÖLNISCHE ZEITUNG

Managerflucht aus USA
Auf Job-Suche
in Deutschland

Rein
in die richtige
Krankenversicherung

Rezessions-Kanzler
Brandt

Das Parlament

Q
QUICK

Tragisches Unglück durch
bodenlosen Leichtsinn:

Ein Schuß
zerstört das
Leben eines
Kindes

So schikanieren
Hauswirte
ihre Mieter
... und was Sie
dagegen tun können

Tagebuch
der tollen
Tage: **Ein**

Das Parlament

6

Das Parlam

Das Parlament

ster

Das Parlam

Auch diesmal
Zona?

FRAU
im Spiegel

60
Pfennig

Bäumler:
Jetzt wird
es mit der
Ehe ernst

Farah
Ihr Leben hing am
seidenen Faden

Glas:
Darf er nicht mit zum
Standesamt
nach Deutschland?

Uschi Glas
und Roy Black

56 Extraseiten
REISE-
JOURNAL

Die CDU-CSU will wieder an die
Macht. Aber sie hat keinen
überzeugenden Kanzlerkandidaten.
Barzel liegt vorn

Wie
man
Barzel
ver-
kauft

Kölnische Rundschau

erZeit

Köln

Wir bitten um ein neues Herz

Auch die Bitte, daß wir nicht in Versuchung geraten, erscheint auf den ersten Blick unverständlich. Wie soll das geschehen können, wie könnten wir deshalb darum bitten? Jesus selbst ist versucht worden. Die Versuchung gehört zum Wesen dieser Welt. An jeder Ecke sucht sie uns auf neue Wege zu ziehen. Der rechte Weg ist schmal und unbequem, hat Jesus zu den Jüngern gesagt, die Abwege sind es, die breit dahingehen. Hier fährt man die großen Wagen, dort mußt du dich mühselig voranarbeiten.

Es ist, als spräche sich in dieser sechsten Bitte des Vaterunsers ein Schauder vor der Natur der Welt aus. Ja, so ist sie, so schön wie verführerisch, so einladend wie verderblich, so glanzvoll wie gleisnerisch. Sollen wir sie fliehen, vor ihren Angeboten die Augen verschließen, damit wir heil und bewahrt bleiben? Sind wir nicht am besten dran, wenn wir uns schon den allerkleinsten Gelegenheiten der Versuchung gar nicht erst aussetzen? Aber dann könnten wir nicht mehr in der Welt leben, sondern müßten auf eine Insel ziehen, wohin uns kein Angebot und kein Versucher folgt.

Doch hilft uns nicht einmal das. Es war gerade die Wüste, in welcher der Teufel an Jesus herantrat und ihm weismachen wollte, daß das, was der Mensch nicht hat, auch das ist, was er haben müßte, mächtig zu sein, reich zu sein, Gott gleich zu sein. Es ist die Einsamkeit, in der sich herausstellt, wer der Mensch ist. Er selbst ist seine größte Versuchung. Luther hatte in der Klosterzelle am bösesten mit dem Versucher zu ringen.

Denn die Versuchung hat ihren Sitz nicht in den Angeboten, die dir entgegengetragen werden, sondern in deinem Herzen. Sie mögen ihre Schlagzeilen noch immer größer setzen, sie mögen es dir noch immer lauter entgegenschreien, wieviel Glück dem Menschen Geld und Macht, Lust und Ruhm, die er nicht hat, bescheren könnten. Wenn dein Herz nicht auf die Verlockung antwortet, richtet sie nichts aus. Und dein Herz wird nur dann antworten, wenn es schon einen Schritt auf dem falschen, dem bequemen Wege steht.

Du hast schon eingewilligt in die Versuchung, seit du der Meinung nachgegeben hast, es käme im Leben darauf an, vieles zu haben. Aber nichts können wir mitnehmen, und die Erben werden alles verschleudern. Jede Versuchung kann eindringen, wenn du nicht gepanzert bist gegen die immer schon, aber heute besonders weit verbreitete Meinung der Menschen, es wäre der Mensch das Wesen, das möglichst viel Sachen besitzen muß. Alle Sachen kann man dir auch wieder nehmen und wird man dir abnehmen am Tage deines Todes. Alles aber, was man dir nicht nehmen kann, ist in deinem Inneren. Niemand kann dir eine Erinnerung rauben, und die Erfahrung, die dein Leben verändert, wird zu einem Teil deiner selbst. Aller wirklicher, unverlierbarer Reichtum besteht in ganz einfachen Dingen, die uns nichts kosten: Die Kostbarkeit der Luft, die du atmest, die Herbstsonne auf den Rosen, das Wunder deines Ohrs, deines Auges, deiner Hände, deiner Gedanken.

So läuft diese sechste Bitte darauf hinaus, daß wir um ein neues Herz bitten. Wir bitten darum, daß wir ruhig bleiben, wenn die Stimmen der Versuchung immer süßer schmeicheln und schriller schreien; daß uns nicht jeder Wind aus einer neuen Richtung schon dorthin zieht, daß wir nicht mitlaufen, wenn sie immer mehr haben wollen und im vielen ihr Heil suchen, anstatt in dem einen, worauf es ankommt.

Spiel mit dem Feuer

Die Versuchung ist wie ein Feuer. Wie gut es erscheint: Es wärmt und es erleuchtet die Nacht. Wie süß es erscheint: Unwiderstehlich zieht es uns an. Es nimmt unseren Blick und Sinn gefangen. Nichts wollen wir lieber, als daß es noch lange so brennt, am liebsten immer noch stärker. Wir müssen nachlegen, die Asche aufschüren, die Glut erneuern. Das Feuer macht uns romantisch. Am liebsten würden wir singen. Etwas, was zu Herzen geht, süß klagend und schwärmerisch. Unser Wesen löst sich. Und doch sollte besser ein Abstand bleiben. Die Sekunden entscheiden. Kamen wir mit dem Schuh zu nahe, so ist er in Windesschnelle verbrannt. Die Funken stieben, und die Welt ringsumher sieht plötzlich unheimlich aus. Das heißt, sie ist nicht mehr da. Wo es brennt, versinkt alles andere in Nacht. Das Feuer will nur sich selbst. Es wärmt eine Weile, aber dann versengt und zerstört es. Wollen wir nicht selbst zerstört werden, müssen wir zurücktreten. Lange haben wir mit dem Feuer gespielt, jetzt spielt es mörderisch mit uns. Die Versuchung ist heilsam wie das Feuer, wenn wir sie zu zähmen wissen. Dann macht sie uns stärker wie den alten Hiob, der weiser in sein Haus zurückkehrte, nachdem er alle Erprobungen des Teufels überstanden hatte. Die Versuchung verschlingt uns, wenn wir ihr zu nahe treten, ihrem süßen Angebot nachgehen, um in ihre heiß-lockende Flamme hineingezogen zu werden. Es heißt, daß es nicht die Furcht vor dem Sturz, sondern der Sog des Feuers sei, der so viele abhält, aus dem brennenden Haus, in dem sie überrascht wurden, herauszuspringen. So ist die Versuchung. Zögerst du, so nimmt sie dich gefangen, gegen deinen Willen.

Jesus hat mit den Fröhlichen gefeiert. Er war mit seinen Verwandten auf einer Hochzeit. Es floß viel Wein. Und er hat mit dafür gesorgt. Nichts lag dem Herrn ferner als Griesgrämigkeit. Aber er hat wie der Apostel Paulus eines gewußt, was die Jünger bald bei ihm lernten: Es gibt nicht schlechte und gute Dinge, schlechte und gute Menschen, schlechte und gute Gelegenheiten. Du kannst vielmehr alles gut machen, das heißt, es so sein lassen, wie Gott es geschaffen hat. Es ist unser Herz, daß die Gelegenheiten und die Menschen zu einer Versuchung für uns macht.

Die größte Versuchung im Leben der heutigen westlichen Gesellschaft mag die sein, daß wir uns selbst vergessen, uns dem, was alle tun, ausliefern und Freude darin finden. Gemeinschaft mit anderen haben, heißt nicht, in der Masse aufgehen. Es ist alles gut, was wir mit Dank genießen können, heißt es bei Paulus. Es kann alles zur Versuchung werden, auch das Allerbeste und Allerschönste und Allerangenehmste, das wir im Überfluß haben wollen, so daß es uns berauscht. Der Rausch zeigt uns an, daß wir der Versuchung erlegen sind. Sogar das Gutsein kann zur Versuchung werden, hat Jesus uns in seiner Auseinandersetzung mit den Pharisäern ein für allemal gezeigt. Dann nämlich, wenn dein Bessersein zu einer Waffe gegen den Mitmenschen wird. Jesus hat sogar bezweifelt, ob es für den Menschen aus dieser Versuchung der frommen Überheblichkeit und fanatischen Gesetzlichkeit eine Rettung gibt, die ihn wieder zu der Demut führt, die da, eingedenk unserer immerwährenden Versuchlichkeit, zu Gott spricht: „Führe uns nicht in Versuchung!"

Die kleinen und die großen Versuchungen

Als Jesus seine Jünger aufforderte, um Bewahrung vor der Versuchung zu beten, hatte er selbst das Erlebnis seiner Versuchung hinter sich. Es war nicht Gott gewesen, der ihn versuchte, obwohl wir doch zu Gott beten sollen, er möge uns nicht in Versuchung führen. Es war der Versucher selbst, der Böse schlechthin, der Teufel gewesen, der ihn auf den Berg führte und ihm die Reiche der Welt und ihre Herrlichkeit zeigte. Aber Jesus wußte wohl, daß der Teufel ihn nicht hätte versuchen können, wenn Gott ihn nicht geschickt hätte.
Insofern hast du in jeder ernsthaften Versuchung auch die Hand Gottes zu spüren. Er verführt dich jedoch nicht, er will dich führen. Die Versuchung ist allemal eine Probe und Erprobung deiner selbst. Niemals kannst du daher sagen, wenn du der Versuchung erlegen bist, daß Gott daran Schuld trage. Wir bitten ihn, den Vater, durch Jesus, er möge uns nicht erliegen lassen, wenn der Versucher an uns herantritt.
Kleine Menschen, sagt man, haben kleine Versuchungen, große nur große. Jesus widerstand der allergrößten, die nur möglich ist: Der Teufel bot ihm an, die Macht über die Erde anzutreten. Und darum forderte der Teufel auch den allergrößten Preis. Jesus sollte niederfallen und ihn anbeten. Das heißt, er sollte Gott verraten und die Fratze Gottes zu seinem Gott machen.
Das geschieht nicht nur bei denen, die sich heute um die Macht über die Erde streiten und ihren Völkern den Selbstmord zumuten. Dieser schauerliche Wechsel vollzieht sich auch in unser aller Leben, überall, wo uns unsere Wünsche verzehren. Denn ,,woran unser Herz hängt'', hat Luther gesagt, ,,das ist unser Gott''.
Die Jünger, die Jesus lehrte, so zu beten, blickten auf ihn. Denn er half ihnen, der Versuchung zu widerstehen. Er hat Widerstand geleistet in der Wüste und im Garten Gethsemane. Worin Jesus ,,gelitten hat und versucht wurde, darin kann er auch den Menschen helfen, die versucht werden''. (Hebräer 2,18)

Sondern erlöse uns
von dem Bösen

Jesus erhebt Einspruch gegen weltverheerende Übel,
unerklärbare Katastrophen, Krankheiten,
Schicksalsschläge, gegen den Tod.
Gott, der Vater, will das Leben.
Jesus erhebt Einspruch gegen den bösen Willen,
der aus den Herzen der Menschen kommt,
der sie selbst zerstört und Leid auf die Erde bringt.
Er verheißt uns Erlösung von diesen Mächten.

Das Weltübel
und die Bosheit der Menschen

Wir wissen mit Jesus, daß es bei der Versuchung, von der die sechste Bitte sprach, um einen auf uns einwirkenden fremden Willen, um eine persönliche zerstörerische Macht geht, die ihren Angriff mitten in unserem Herzen ansetzt. Zwar gibt es Weltübel scheinbar unpersönlicher Art, den Taifun zum Beispiel, der ganze Inseln verschlingt, den Vulkan oder eine Seuche. Wir rätseln herum und finden keine Ursache dafür. Wenn du es glaubst, daß auch hier eine unheimliche Macht und Widermacht Gottes am Werk ist, so kannst du es doch einem anderen nicht beweisen. Am bösesten aber sind in der Menschheit Verhängnisse und Verbrechen wirksam, in denen ein Wille wirkt, der in Menschen gefahren ist und sie zu seinem Werkzeug macht. Jesus hat es abgelehnt, die Herkunft des Bösen zu ergründen, aber er hat in seiner Sprache sehr deutlich von einem Willen, von einer personalen Macht, bildlich vom Teufel gesprochen, der in allem Unheil steckt.

Rätselhaft muß es dir bleiben, mit Scheu sollst du darauf sehen, wenn ein Mensch von unheilbarem Übel betroffen oder gar so getroffen wurde, daß uns sein Menschsein in Frage gestellt ist. Jesus lehrt uns nicht, daß wir beten sollen: „Herr, laß uns den Schuldigen erkennen", vielmehr sagte er einmal, es solle uns der Anblick des Übels und des Unglücks dazu dienen, uns zu bessern. Und wenn er mit den Jüngern betet: „Herr, erlöse uns von dem Übeltäter, dem Bösen, und dem Übel, das er den Menschen bringt", so meint er damit nicht, wie viele unserer modernen Menschheitsbeglücker und Weltverbesserer, daß nun die Tage des schmerzfreien Wohllebens anbrechen sollen.

Denk vielmehr noch einmal an die Jünger, die er um sich sammelte. Sie kamen wie Jesus selbst aus einem unterdrückten Volk, das in Armut und Angst lebte. Schwergeplagte kleine Leute waren seine Verwandten. Vom Glanz der Welt waren sie ausgeschlossen. Ihr ganzes hartes, arbeitsames Leben war ein Übel. Nur der Glaube an das kommende Reich, ihre unstillbare Sehnsucht nach der Erlösung aus allem Ungemach ließ sie Menschen bleiben. Diese Menschen ließ Jesus beten: „Erlöse uns von dem Bösen". Die kleinen Sachen, die uns heute stören, sind also nicht gemeint, sondern das, was ein römischer Dichter

„die Tränen der Dinge" nennt, die große Störung der Schöpfung, die Gott gut machte, das unerklärbare, unergründbare, das namenlose und das zu benennende Leid, das an der Welt frißt und sie vergänglich macht.

Wir werden das, wenn wir noch ganz jung sind, wohl nicht einsehen können, aber es ist die Erfahrung vieler, die weiter in das Leben hineingewachsen sind, und ihre Sehnsucht: Möchte doch wieder heil und heilig werden, was heil und heilig sein soll nach dem Willen des heiligen Gottes, möchten wir erlöst werden vom Übel, das der Wille des Bösen bewirkt, den wir hinter den Dingen, hinter Krieg und Schrecken, hinter Krankheit und Tod, hinter Verblendung und Verbrechen, hinter Hunger und Armut am Werke sehen.

Aber eins haben die Jünger von Jesus gelernt. Wie er ihnen Gott eindeutig beschrieb als den Vater, der seine Geschöpfe ohne Bedingung und ohne Ende liebt, so wird durch ihn auch der Widersacher des Guten in der Gotteswelt zu einer eindeutigen Gestalt. Wir wissen nun, daß hinter den Kulissen der Welt nicht etwas Ungreifbares wirkt. Was wir da nicht greifen können im namenlosen Leid der Erde, das hat Jesus ergriffen und begriffen. Er hat mit dem Bösen gekämpft und es überwunden. Er hat den Feind der Menschen und den Feind Gottes, den Satan besiegt, indem er ohne alle Kompromisse, die wir eingehen, ohne alle Bedingungen, wie wir sie zu stellen pflegen, dem Guten folgte, das Gott ihm geboten hat. Die letzte Bitte des Vaterunsers besagt darum, Gott möge auch uns alle aus der Macht dieses Bösen, der uns noch beherrscht, herausreißen und vor ihm, der unseren Tod will, erretten.

Auch diese Bitte ist eng mit der vorigen verknüpft. Führe uns nicht hinein in die teuflische Umgarnung, sondern reiß uns heraus aus den Stricken der Hölle! Noch einmal zum Schluß knüpft das Gebet Jesu an unsere Hilflosigkeit an. Das Kind muß sich dem Vater anheimgeben, weil es selbst keine Macht besitzt. Es muß gerettet werden aus Gefahr, Bedrückung, Schaden und Verführung, gerettet vor dem Mächtigen, der Gott entgegentritt und ihm sein Kleinod, das Menschengeschöpf, entreißen will.

Es gibt kein Leben ohne Leid

Wir suchen Glück und Erfüllung. Aber Frost und Schnee fallen ein, es ist unvermeidlich. Ein paar Jahre weit gelangst du, aber dann wird es auch in deinem Leben wahr: Je mehr einer liebt, um so mehr muß er auch leiden. Kein Mensch und keine Generation, die nicht der Traum vom leidlosen Leben in die Wolken entrisse. Kein Mensch und keine Generation, die nicht von dort wieder heruntergeholt worden wäre. Plötzlich, in der ersten Kälte des Herbstmorgens die einen, in einem Nu sind ihnen alle die süßen Lebensblüten zerfallen; in tausend nagenden kleinen Verlusten die anderen, wenn sie alt werden, in der Langeweile, im unaufhaltsamen Schwinden des Schönen und Reinen aus der Welt. Warum, warum die Kreuzwege in der Welt? Der Kopf fragt sich müde und matt. Nur soviel erkennt er seit alters: die beiden sind unauflöslich miteinander verbunden, das Leben und das Leiden. Jesus hat das seinen Jüngern am eigenen Leibe gezeigt. Gerade wo das Leben am tiefsten ist, ist es am verletzlichsten, je höher ein Mensch geistig und sittlich steht, um so härter, so scheint es, muß ihn das Übel treffen. Darum ist vielen der Weg des Ostens zum Weg geworden: Die dritte der vier ,,heiligen Wahrheiten'', die den buddhistischen Mönchen gebietet, durch gänzliche Vernichtung jeglichen Begehrens das Leiden aufzuheben, hebt auch das Leben selbst auf. Denn leiden wir nicht darum, weil wir begehren, und stehen wir nicht vor dem Schutt unserer Häuser, weil wir unbedingt ein schönes Haus haben wollen? Jesus hat dieser Meinung nicht beigepflichtet. Er lehrte und lebte die Würde des Menschen, der mithineingerissen ist in die Auseinandersetzung zwischen Gott und dem Bösen. Er lästerte die Schöpfung Gottes nicht darum als Trug und Schein, weil sie auch ein Kampfplatz mit dem Übel und dem Bösen ist, und er lehrte nicht, daß wir fliehen sollen, um in uns selbst und ohne uns selbst selig im All zu werden, wie es der Buddhist und der Hinduist wollen.

Daß freilich das Böse auch in uns selbst, ja, insbesondere hier seine Wurzeln schlägt, hat Jesus damals auf dem Berge allem Volke verkündet. Nicht, was du siehst, ist böse, dein Auge ist es, wenn du der Versuchung unterliegst. Darum reiß dein Auge aus, hat er drastisch gefordert. Das heißt: Fang bei dir selber an, die Wohnung des Teufels zu suchen.

Wir wissen wohl und zeigen es auch, zeigen es zuweilen öffentlich in den Bildern, die wir von uns machen, daß da insgeheim eine Freundschaft besteht. Jener Pakt des Menschen mit dem Teufel um den Preis der Seligkeit, von dem die alte Sage erzählt, meint nichts anderes: der Teufel ist ein Bruder des Menschen. Es zieht uns unwiderstehlich in die Arme des Verführers. Darum ist es zweifelhaft, ob jedermann meint, was er sagt mit dieser Bitte. Wollen wir denn eigentlich erlöst sein von der Macht der Finsternis? Schau zu, wieviele Menschen sie heute suchen. Ein Satanskult geht um die Welt. Schwarz ist die neue Farbe des Heils. Gerade junge Menschen suchen gern in der Selbstzerstörung ihr Glück. Die Droge schmeckt süß und befreit vom Denken und aller Anstrengung.

Jesus hat mit dem Bilde seiner Zeit auch von den Dämonen gesprochen, die im Menschen hausen. Wollen wir von dem Dämon erlöst sein, der in uns wohnt, oder ist er uns gar ein lieber Geselle? Ist der Teufel nicht oft auch eine lustige Gesellschaft? Ohne Bild gesprochen — Luther hat es einmal so gesagt — wie nichts gut ist auf der Welt als ein guter Wille, so ist auch nichts böse unter uns, es sei denn ein böser Wille. Danach ist zu forschen, wenn wir beten: „Erlöse uns von dem Bösen!''

Die Sehnsucht aller Geschöpfe

Erst wenn wir unseren Sinn gebeugt und unsere Hand gerührt haben, sollen wir darum bitten, von all unseren Lasten befreit zu werden. Und es soll diese Bitte unsere letzte sein: Denn dies bleibt übrig zum Schluß unseres Daseins, daß uns der innigste Kindesglaube, der treueste Gottesdienst, das tiefste Wissen von Jesus eine Glückseligkeit auf dieser Welt nicht garantieren. Es bleibt dies, daß das Volk Gottes, aus dem Jesus stammt, nach jahrhundertelangem Kampf um die Wahrheit, und auch wir Christen nach so langer Geschichte gegen die Feindschaft des Bösen in der Welt und die Bosheit unseres Herzens Gott nur demütig anrufen können, nicht anders, als die Weltkinder. Es wäre unmenschlich, sich von dem einfachsten Sinn dieser Bitte loszusagen. Wir beten hier zu einem Gott, der den Schmerz in den Krankenhäusern dieser Erde, das endenlose Leiden und Sterben der Kreatur, das Ungenügen an uns selber, das Unglück der Kinder, die Trennung der Liebenden nicht will. Aber er hat uns in ein Geheimnis hineingestellt. Das Übel ist das nicht Gewollte, der üble Geselle Beelzebub, der Teufel, der uns verführen will, ist der noch immer nicht Besiegte in diesem Äon. So steht der letzte Name im Vaterunser gegen den ersten. Zu unserem Vater beten wir um Befreiung von dem, der einzig ewig von ihm getrennt ist und der nur als letzter genannt werden kann, dann, wenn dem Vater alle Ehre gegeben ist.
Aber die Mauer unserer Leiden und Klagen entlang werden wir als die Jünger Jesu angesichts dieses Rätsels Gott dennoch loben.
Jesus stimmt ein in den Ruf seiner geplagten Geschöpfe und macht sich ihre Sehnsucht zu eigen. Gottes gute Welt hat Schaden gelitten, aber sie blickt der Befreiung entgegen. Um diese Befreiung der Geschöpfe aus den Händen zerstörerischer Mächte sollst du mit Jesus bitten. Es ist der Chor aller Menschheitsgenerationen, der seine Sehnsucht in dieser Bitte Gott entgegenträgt. Alle, die gestern litten und heute leiden, und du selbst, wenn du grundlos leidest, alle vom Tod bedrohten Geschöpfe schreien Tag um Tag mit Jesus zu Gott in der Hoffnung, die diese Bitte enthält. Ja, es wird Erlösung sein, wir gehen ihr entgegen. Denn Gott ist unser Vater.

Denn dein ist das Reich und die Kraft und die Herrlichkeit in Ewigkeit. Amen.

Der Glaube Jesu beglaubigt sein Gebet.
Wir sollen den Vater bitten wie Kinder bitten:
Sie müssen sich alles schenken lassen,
aber sie wissen, daß der Vater gute Gaben gibt.
Ihr sollt nicht plappern wie die Heiden,
auch das Vaterunser nicht.
Es ist Gottes herrliches Wort an uns,
Begleittext für unser ganzes Leben,
unausdenkbare Summe und
unversiegliche Quelle des Glaubens.

Der Morgen ist angebrochen

Jesus begründet mit dem alten Wort vom Reich Gottes aus dem Liedschatz seines Volkes nicht nur die letzte, die siebente Bitte, sondern das ganze Gebet, das er seine Jünger lehrte. Er kommt damit auf die erste Bitte zurück und spricht nun als Gewißheit aus, was dort in die Form einer Bitte gefaßt wurde. Daß Gott uns vom Bösen befreien möge, wird darum zu einem Gebet, das schon erhört wurde, weil das Reich Gottes mitten in den Reichen der Welt bereits angebrochen ist. Die Kraft Gottes wird uns erfüllen, wann immer wir ihr Raum geben in unserem verführbaren Herzen, und nicht dem Teufel. Dieses Reich, heute noch für die, die nicht glauben, im Acker verborgen wie ein vergrabener Schatz, im Netz des Fischers wie eine Perle in der Muschel, die er erst noch öffnen muß, wird uns die Herrlichkeit Gottes sichtbar machen und aller Welt seine Macht zeigen.
Der Glaube, den Jesus seinen Jüngern vermittelte, gründet sich auf diese Gewißheit. Und wo seine Jünger in den zweitausend Jahren Geschichte der Kirche bis auf diesen Tag stark in ihrem Glauben waren, waren sie es, weil sie wußten, daß all ihre Hoffnung auf das Gottesreich ihre Kraft erhielt aus dem Wissen, daß Gott dem Menschen seine Herrlichkeit bereitet hat. Herrlichkeit ist in der Bibel ein anderes Wort für Ehre und Ruhm. Sie gebühren Gott allein.
Dieser Glaube bezieht sich freilich auf eine Gegenwelt zu der, die uns vor Augen gestellt ist. In Jesus, der ihnen dieses Gebet gab, haben die Jünger den Schnittpunkt der beiden Reiche gesehen. In seinem Leiden und Sterben in Gethsemane, im Palast des Pilatus und auf Golgatha haben sie den Kampf zwischen dem irdischen Reich und dem Gottesreich erkannt. Jeder Christ muß seither für sich herausfinden, wo in seinem Leben die Grenze liegt, wie er das notvolle Ineinander der Forderungen der Welt und der Forderungen Gottes bewältigt, wie er in seinem Lernen und Arbeiten, in seinem Dienen und Verdienen das Gotteskind bleiben kann, das er sein soll.

Durch die Art dieses Kampfes wird dein Leben gezeichnet sein. Gott läßt dich nicht los. Die Herrschaft gebührt ihm, und er hat sie inne. Und dieser Herr der Herrlichkeit, der im Himmel ist, im Raum seiner Hoheit und Wirklichkeit unter uns, im Wort, das unüberhörbar ist in deinem Gewissen, in der leisen Stimme im Ohr und dem Sturm von der Höhe her, die dir den Lebensweg zeigen. Dieser Herr ist dein Vater auf Erden. Er hat sein Reich und seine Kraft und seine Herrlichkeit zu uns in dem Jesus gebracht, der zu den Jüngern redete, daß sie es nie vergessen konnten, und der durch seinen Geist und sein Wort mit dir reden wird alle Tage. Wann immer du durch Jesus im Glauben rufst „Unser Vater!", so dringst du in sein Herz hinein.

Und so ziehen wir unsere Straße durch diese Zeit. Mühsal bleibt uns nicht erspart. Leid wird uns treffen, und der Versuchung können wir nicht entgehen. Wir haben die Seligkeit der Gemeinschaft erfahren, in die Jesus seine Jünger zusammenschloß, und erleben, daß ein Glanz dieser Gemeinschaft wie aus dem Himmel herüberstrahlt in jede unserer Gemeinschaften auf Erden, wenn wir nur Liebe und Treue mit Ernst bewähren. Dennoch werden wir oft allein sein und oft gar bitter einsam, weil Trennungen unvermeidlich sind — und sei es die durch den Tod — und weil Verrat auf uns lauert.

Aber es leuchtet Licht auf. Der Strahl der Hoffnung liegt auf unseren Wegen. Der Morgen ist angebrochen. Über diesen steinigen Acker ist auch Jesus gegangen, auf ihn ist er hingestürzt mit dem Kreuz auf der Schulter, von ihm hat er eine Krume aufgenommen, mit seinem Speichel vermischt und dem Blinden auf die Augen gelegt, so daß er wieder sehen konnte. Und er hat die Frucht dieses Ackers, das Brot und den Wein, zum Gleichnis und zur Kraft seines Leibes und seines Blutes gemacht, die er vergossen hat, damit wir frei für Gott unsere Straße ziehen können.

105

Von den Kindern lernen wir das Bitten

Mit sieben Bitten, so lehrt uns Jesus, können seine Jünger alles aussprechen, was zwischen dem Menschen und Gott steht. Es gibt bitter gewordene Menschen, die uns erklären, ich kann niemanden um etwas bitten. Erwachsensein bedeutet für manchen, sich alles selbst verdanken wollen. Das Bitten sei Kindersache. In der Tat, so ist es. Aber wie, wenn wir es von den Kindern zu lernen hätten? Wir sollen werden wie sie, sagt Jesus.

Das bedeutet gewiß nicht, daß wir die Ernsthaftigkeit unserer Aufgaben und Pflichten leugnen sollten. Ein kindischer Mensch dieser Art, ein Spielmensch und Playboy, ist das Gegenteil von einem Christen. Nur in diesem einen Punkt soll der Jünger werden wie ein Kind: daß er bitten lernt auf die Weise, wie nur Kinder bitten. Sie bitten aus zwei Gründen. Weil sie selbst schwach, arm und hilfsbedürftig sind. Und weil sie zuversichtlich wissen, daß sie erhört werden. So und nicht anders ist unsere Lage vor Gott. Wir müssen uns alles von ihm schenken lassen. Das Vaterunser sagt dir, daß wir nur bitten können, nachdem wir Gott die Ehre gegeben haben. In der Haltung des Kindes bitten, das nichts selbst verdienen und erarbeiten kann, das heißt, Gott, unserem Vater, die Ehre geben. Wir sind die ein Leben lang von ihm Beschenkten. Wir müssen bitten, und wir dürfen es.

Wer bittet, zeigt an, daß er Mangel leidet. Aber wer bittet, weil er weiß, daß er mit einem spricht, der ihn nicht umsonst bitten läßt, gehört zu den allerreichsten Menschen dieser Welt. Er ruht sicher in all ihren Gefahren. Er geht sorgsam mit seinem Leben und Gütern um, aber er sorgt sich nicht um Leben und Güter, auch wenn ihm heute die Zukunft schreckensreich ausgemalt wird. Denn seine Zukunft ist der, der sein Bitten erhört.

Ein solcher Mensch hat nichts, aber er hat alles. Wenn er alles hat, so ist ihm alles geschenkt. Wer zu Gott, der ihm auch Lasten und Leiden schickt, Vater sagen kann, ist ein Mensch ohne Furcht. Wovor sollte ich mich fürchten, wenn ich einen Vater habe, der so große Bitten erhören will und erfüllen kann, wie sie Jesus uns genannt hat? Im Arm dieses Vaters ruhe ich wie ein Kind. In seiner Kraft, in seiner Weisheit und Liebe bin ich vor allen Stürmen geborgen.

Was uns im Vaterunser gegeben ist

Kein Text menschlicher Sprache dürfte so oft und in den Sprachen so vieler Völker gesprochen, gesungen, so oft in Schmerzen gestammelt worden sein, in Gefängnissen und Katakomben, auf Krankenbetten und Schlachtfeldern. Er wurde die Mitte aller christlichen Gottesdienste, die Richtschnur der Christenheit und das Maß ihrer Theologie. Das Vaterunser ist die Summe und Quelle aller rechten Gebete.
Kein Gebet dürfte freilich auch so oft mißbraucht worden sein. Man hat es herabgewürdigt zu einer Kette von Formeln, obwohl doch gerade das dem Willen Jesu widerspricht, uns einen Weg zu Gott zu eröffnen, der in der Tiefe unseres Herzens entspringt. Er wollte seine Jünger nicht an diese Worte binden, als gäbe es keine anderen, mit denen der Glaube Gott erreichen kann, sondern ihnen mit diesem Gebet die Richtung und den Geist anzeigen, dem alles Beten in seinem Namen folgen soll.
Achte auf die Kunst dieses Bauwerks! In den drei ersten Bitten rufen wir Gott an als den, der er ist. Wir beten, daß er auch für uns, bei uns und durch uns der Vater ist, der uns seine Arme ohne unser Verdienst entgegenbreitet, der Heilige, der uns heiligt, der Herr, dessen Wille an sein Ziel kommt in seiner Welt. Der Beter weist von sich selbst fort auf ihn allein. Dreimal sagt er dein: dein Name, dein Reich, dein Wille. Es sind dies geistige Dinge. Von ihrer Wirklichkeit lebt die Welt. Auch in den drei letzten Bitten geht es um solche geistigen Dinge. Hier wenden wir Gottes Blick auf uns selbst und beschwören Gott, von uns zu nehmen, was uns hindert, bei ihm zu sein.
Unter diesem Dach der zweimal drei Bitten aber, die wie Säulen für die Ewigkeit errichtet sind, ruht in der Mitte die Bitte, die uns als die anerkennt, die wir sind, Menschen zwischen Geburt und Tod. Am Anfang und am Ende zweimal drei Bitten um das, was die Seele sucht, der weite Ausblick; hier das, was uns täglich nottut. So steht das Einfachste als das Wichtigste da. Und es zeigt dir diese Mitte des ganzen Gebetes, die Bitte um das tägliche Brot, die unendliche Liebe und Barmherzigkeit Gottes. Er kennt sein Geschöpf. So haben wir an diesem Gebet, das Jesus seine Jünger lehrte, die Summe der Liebesbeziehung zwischen Mensch und Gott, und die Summe des Erbarmens, das Gott über uns ausschüttet.
Amen, so wird es beschlossen, das heißt: Ja, es ist wahr, und es soll geschehen.

Inhalt

Fotonachweis

Titelfoto Hilde Körnig

Karsten de Riese
Seite 12, 14, 22, 26, 38,
46, 48, 50, 66 / 67, 70, 72,
74, 86, 90 / 91, 96, 102 / 103,
108

Oswald Kettenberger
Seite 8 / 9, 18 / 19, 30 / 31,
42 / 43, 58, 78 / 79, 82, 84

Hilde Körnig
Seite 24, 34, 36, 54 / 55,
60, 94, 98, 106

Archiv Integrierte Gemeinde, München
Seite 62

©1981 Johannes Kiefel Verlag, Wuppertal Barmen
Satz und Druck: Contzen, Lünen
Einband: Verlagsbuchbinderei W. Berenbrock, Wuppertal
ISBN 3 7811 0251 3